# LOS MATICES DE MATISSE

## PATRICIA MacLACHLAN

### Ilustraciones de
## HADLEY HOOPER

loqueleo

Si fueras un niño llamado Henri Matisse y vivieras en un pueblo triste en el norte de Francia, donde los cielos estuvieran grises

y los días fueran fríos,

y quisieras luz y colores,
y sol,

y tu mamá, para alegrarte los días,

pintara platos y los colgara en las paredes,

platos con imágenes de praderas, árboles,

ríos y aves,

y te diera permiso de mezclar pinturas de colores:

amarilla y roja,

roja y azul,
azul y amarilla;

y te permitiera acomodar las frutas y las flores
que trajera del mercado:

peras y naranjas en un cuenco
sobre el mantel,

flores en un florero azul;

y en el pueblo la gente hilara seda

de colores,

y esos colores se entretejieran

uno junto a otro,

junto a otro;

y tu mamá pusiera tapetes rojos en las paredes de la casa

y sobre el suelo de tierra de la sala,

y el mundo entero se viera rojo;

y si criaras pichones,

y miraras sus ojos avispados, sus patas rojas

y sus colores cambiaran con la luz
cuando se movieran,

a lo que tu madre llamaba iridiscencia,

¿sería de extrañar que, cuando crecieras,
te convirtieras en un gran artista

y pintaras habitaciones rojas

y flores bailando sobre tallos verdes

y fruta en un cuenco
sobre un mantel blanco y azul?

¿Sería de extrañar que te convirtieras
en un gran artista

que pintara la luz y el movimiento,

y que pintara la iridiscencia de las aves?

# "A mi madre le encantaba todo lo que yo hacía". Henri Matisse

¿Por qué los pintores pintan lo que pintan? ¿Pintan lo que ven o aquello de lo que se acuerdan? La historia de vida del gran pintor Henri Matisse puede darnos algunas respuestas.

Henri Matisse nació en diciembre de 1869 en un pueblo lejano del norte de Francia. Pese al poco sol y la poca luz natural que había, Henri creció rodeado de colores y de los platos pintados que su madre llevaba a la húmeda cabaña donde vivían. Ella ponía coloridos tapetes rojos en el suelo de tierra y en las paredes. Su padre le regaló unos pichones y Henri los miraba moverse y observaba como cambiaba el color de su plumaje con el movimiento.

Henri comenzó a pintar cuando era joven, durante una estancia en el hospital. Ahí, su madre le llevó unas pinturas. "De ella heredé mi sentido del color", dijo alguna vez. Después de estudiar arte en París, Matisse comenzó a pintar con colores fuertes y brillantes, con formas y trazos atrevidos. Éste se convirtió en su estilo, y por eso formó parte de un grupo de pintores conocido como *Fauves* que en francés quiere decir "fieras salvajes". Los fauvistas pintaban sus sentimientos y sus emociones más que las cosas exactamente como se ven. Matisse tuvo gran éxito e influencia en el desarrollo del arte moderno. En su vejez comenzó a trabajar con recortes de papel, pero también con lápices y carboncillos, sobre todo cuando la enfermedad le impidió pintar.

Siempre amó a las aves y toda su vida tuvo algunas. Mantuvo amistad con muchos artistas, y, antes de morir, a los ochenta y cuatro años, le regaló sus amadas aves a su amigo, el artista Pablo Picasso.

Sus pinturas, esculturas y recortes pueden ser vistos en museos de todo el mundo.

Al escribir este libro creo que di con la respuesta a la pregunta de qué lo inspiró: Henri Matisse pintó lo que veía y lo que recordaba; pintó sus sentimientos y pintó su niñez.

Patricia MacLachlan

En mi trabajo como ilustradora siempre me ha encantado investigar y resolver enigmas, pero nunca antes me había podido dedicar de lleno a ello como en este libro. Pasé meses mirando reproducciones de las pinturas de Henri Matisse, contemplando sus dibujos, recortes e impresiones. Estudié su línea, su forma de componer y su paleta de colores. Busqué y vislumbré cuáles serían los patrones que él habría visto cuando creció en el pueblo textilero de Bohain-en-Vermandois. Usé *Google Maps* para ir juntando pedacitos de información que me permitieran armar una imagen tanto de la calle como de la casa de su infancia.

Lo último que hacía antes de irme a dormir era pensar en su trabajo, y cuando la fecha de entrega comenzó a acercarse, también era lo primero en lo que pensaba al despertar. Fue una inmersión total y un esplendor absoluto.

Decidí probar las impresiones con relieves, lo que me obligó a simplificar las formas y enfocar mi atención en el color y la composición. Recorté los personajes y los fondos con cartón y unicel, los entinté y escaneé los resultados con Photoshop. Ese acercamiento me pareció acertado. Después de trabajar en varias páginas, el piso de mi estudio y mi escritorio terminaron cubiertos de formas coloridas y extrañas, que me hicieron recordar ¡una foto que vi del piso de Matisse después de una laboriosa sesión de recortes!

Hadley Hooper

Para la madre de Henri Matisse, Ana Heloise Matisse, pues fue ella quien llevó el color a su vida. P. M.

Para mi madre quien, como la de Matisse, ha alentado mi creatividad. H. H.

El arte de este libro fue creado usando una combinación de grabado en relieve y técnica digital.

## loqueleo

LOS MATICES DE MATISSE

Título original: *The Iridescence of Birds*

D.R. © del texto: Patricia MacLachlan, 2014

D.R. © de las ilustraciones: Hadley Hooper, 2014

Publicado por acuerdo con Roaring Book Press, un sello de Holtzbrinck Publishing Holdings Limited Partnership a través de Sandra Bruna Agencia Literaria SL. Todos los derechos reservados.

D.R. © de la traducción: Verónica Murguía, 2015

D.R. © Editorial Santillana, S.A. de C.V., 2016
      Av. Río Mixcoac 274, piso 4
      Col. Acacias, México, D.F., 03240

Primera edición: febrero de 2016

ISBN: 978-607-01-2993-3

Impreso en México

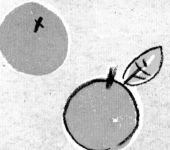

www.loqueleo.santillana.com

## SANTILLANA

Este libro se terminó de imprimir en el mes de Febrero del 2016, en Impresos Vacha, S.A. de C.V. Juan Hernández y Dávalos Núm. 47, Col. Algarín, México, D.F., CP 06880, Del. Cuauhtémoc.